JN439734

가시 박힌 붕어빵

박가을 다섯 번째 시집

가시 박힌 붕어빵

동행

빛과 소금

시인은 늘 기쁘다.
그녀는 읽기 편한 글을 쓰라 한다. 글의 깊이와 넓이를,
봄은 푸드득 기지개를 켰다.
베란다에 심겨진 군자란이 꽃망울을 터트렸다.
세월은 그 형상을 답습하며 그 환경에 서 있을 뿐,
인간의 풋내로 얼룩진 시간은 멈출 줄 모른다.
삶을 순리대로 살아가는 지혜는 늘 편하다.
평행선을 그으며 그 끝을 달려가니
하늘 높은 분의 뜻은 내 영혼의 안식처임을 안다.
겸손과 교만의 교차점은 늘 붐빈다.
가시 박힌 붕어빵의 가시가 아가미에 달려 있다는
사실,
국화빵이 된 가족은 예쁘다.
단어를 조합해서 만든 시어가 춤추고,
가슴에 싸둔 언어,
무를 썰 듯 영혼은 백색이다.
서재에는 파란 불이 지펴 있다.
빛과 소금으로….

– 빛과 소금을 쌓아둔 서재에서

CONTENTS

2 홍매화

CONTENTS

3 바다가 덮은 화원

4 사랑해서 미안하다

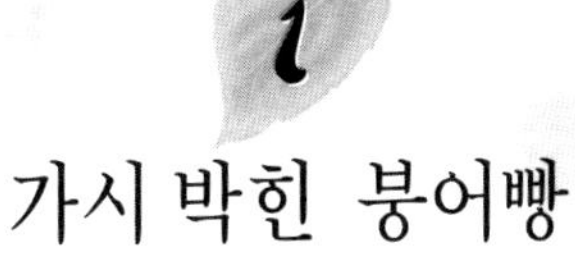

가시 박힌 붕어빵

359일간 | 7호선 | 漁川 가는 길 | 가시 박힌 붕어빵 | 내가 그랬습니다 | 노천 카페 | 속눈썹 | 도둑놈 | 동묘행 | 마음의 숲 | 묵화 | 바람에 묻히다 | 여명의 뜰 | 붓끝의 대화 | 손 끝은 달다 | 빨간 사발시계 | 소금바다 | 소금에 간이 밴 소주병 | 당신은 늘 그 자리십니다 | 여인의 독백 | 열두 시 | 축복 | 젖은 낙엽 | 팥죽 | 남자는 오늘도 외출 | 만석공원 | 모래성을 쌓다 | 단원 김홍도의 꽃은 수채화이어라!

359일간
-白手

돌담을 안아든 손마디
호박넝쿨은 노란꽃을 틔우고
이내, 애호박을 줄줄이 매달더니
붉은 점, 두 개가 박혔다
가슴은 말라버린 가시를 숨기고
꺼낼 줄 모른 여자
여자는 젖무덤을 내준 대가로
아침 설거지를 한답시고 손을 담갔다
사내는 백수다
행주를 쥐어짜 듯 밤새 뒤척이며
손바닥을 움켜쥔 바람
어깨가 시리도록 반찬을 준비하며
닫힌 가슴을 열어 놓았다
흰 봉투 속에 빳빳한 꽃다발을
챙겨 넣던 생각도 지워졌다
여자는 이른 새벽 누룽지를 끓이며
눈가에 김이 서리듯
정수리엔 연무가 수북하게 쌓였다
세종 얼굴이 박힌 파란꽃을 건넨 지 꽤 오래다
통장에 숫자가 붙는 덧셈
출근을 재촉하는 여자
사내의 통장엔 늘 잔고가 부족하다.

7호선

눈 개비 눈물자국은
얼마 남지 않는 春分

소슬바람 출렁이는데
7호선 선로 위에 펼친 詩語 토막
선잠을 깬 듯
오가는 시선 눈을 감고 있다

하늘은 하얗게 시야를 덮고
마지막 가랑잎마저
떠나는 발길 재촉하고 있다

마음 잃은 나그네
가던 길 뒤돌아 서 있을 뿐,
오라는 이 없는
이, 황량한 벌판이다.

漁川 가는 길

어천 가는 길목에서 빈 나무를 만났다
거죽은 말라서 나뭇가지 끝은
삭풍에 그을리고
껍데기만 짝 달라붙은 등짝,
바짝 마른, 조각구름도
거미줄에 걸려 빈 집에 덩그런 서 있다
그 빈 집,
살얼음판, 목숨이 매달렸을 한낮
어천 가는 길목은 처음부터 비어 두었다
나뭇가지 끝
뚝, 하고 떨어지면 마른 잎도 비로소,
비어 두었던 거미집,
헤집고 나서야 파닥이며 숨을 쉴게다
그믐날.

가시 박힌 붕어빵

연거푸 빈 컵은 비워지고
알맹이가 빠진 오징어 눈빛은
출입문을 오가는 사람의 쇼윈도가 되었다
털털대는 자전거 뒷자리 전용 칸인 붕어빵 기계
이마를 적신 땀을 훔치는 쥔,
천원어치 가시가 박힌 붕어빵 달랬다
꽁지부터 먹어야 가시에 찔리지 않는다던
아가미에 불이 붙어 혓바닥은 헐떡거리고
붕어빵 가시가 머리에 꽂힌 걸 알았다
터벅터벅,
빌딩 뒤에 숨은 그림자
침묵은 철갑을 입혀 놓았다
아까 먹었던 콜라가 토악질을 해댔다
꺼어~억
네 발 달린 시간은 그 속도가 붉다
화살촉에 박힌 가슴엔 홍건한 선혈이 흘렀다
끈적거리던 입맛,
십이월은 아직 멀었는데
가시 박힌 붕어빵, 눈알도 박혔을까
홍로에 놀아났던 촉수가 널름거린다
아,
거짓이었으면 좋겠다.

*홍로 : 사과 품종

내가 그랬습니다

해 저무는 서녘
술기운에 젖은 듯
휘청거리는 발걸음
방파제 가슴 벽에 부딪히던 파도
움찔거리던 생각은 바다에 빠지고 말았다
몸살을 알고 나온지라
이마엔 아직도 미지근한 신열이 끓어
바싹 마른 입안으로
어석거리는 바다 향기를 삼켰다
홀짝홀짝 거리며 마셔대던 옛이야기
빨개진 얼굴
그 입술에서
단내가 풀풀 났다
묘한 분위기가 감돌 무렵
가을비가 부슬부슬 뿌려대더니
바닷바람은 사정없이 가슴을 부비던데,
어쩌죠,
바다를 다 마셔버렸다.

노천 카페

가을밤은 그렇게 흘렀다.
수준 높은 낱말을 찾아 헤이는 시리우스
그 눈빛이 우주를 덮으면
알싸한 사랑 놀음에 푹 빠져버린 달빛이다.
움츠린 가슴을 포개는 시간쯤
시야에 비친 영혼의 그림자다.
녹음에 누워 잠자던 별빛
초야를 치룬 소녀의 속삭임인 듯
아련하게 들려주던 세레나데
음률은 깊이와 속도를 가름하며
훈김에 쏘인 메아리 창틀에 기대어 비틀거렸다.
덜그럭, 생명의 단초 풀어 젖혀지고
창틈 사이로 스며드는 갈바람
소리 없는 울림만 만들고 떠났다.
별빛에 녹아버린 노천 카페
날숨을 가르는 밀어의 태동은 달빛도 속았다.
별빛 뒤에 숨어 할딱거리던 숨은 멈췄다.
가을밤은 이렇게 흘러갔다.
어두움 속으로.

속눈썹

그대 떨리는 심장이 보였다
가느다란 가지 끝,
숨이 멈춘 듯
뽀얀 눈꽃엔 하얀 생명이 싹트고
속살은 변색돼 훤히 보였다

멈출 것 같은 세월의 탓
바스락 바스락
들숨, 아니다 겨울의 숨결이다

눈꽃에 매달린 씨눈엔
속눈썹이 덮어져 있다

숭숭 뚫린 가슴
나뭇가지에 떨리는 목소리가 들렸다
바람,
봄,
멈추어 서 버렸다.

도둑놈

검은 안경은 파도만 보였다
속눈썹을 깔고 앉아서
세상을 동그랗게 갓 잡아보던 눈
겉껍질 속에 담겨 있을 비밀이 있다
푸른 천에 둘러싸인 금 빗줄
넘실거리는 파란 파도만 보였다

두 갈래로
갈라놓은 혀끝
침샘이 발라 논 단맛을 알고서야
끝없이 추락하는 침묵, 몰골이 되었다

초생달이 눈을 배시시 뜰 무렵
꾸벅이며 졸음에 지친 영혼은 도둑놈
심장, 박동소리
한쪽 날개 잃고 사방에 흩어지니
산수유 피던 봄
속삭임도 귓가에서 흐느끼며 울고 있다

겨울 흔적은
나뭇가지에 묻어 둔 잔설殘雪이 가시되었다
흘러내리던 빗줄기 흠뻑 적셔져 있을 뿐
눈까풀에 검게 처진 유리창
뿌연 안개가 시야를 덮으니 그가 보이지 않았다.

동묘행

발걸음 가벼워서
울뻔했다
지친 몸 기댈 곳 없어
1호선 전철에 몸을 맞기니
천근 만근된 영혼
세월의 끈은 풀렸다
진흙밭에 바짝 엎드렸다
바람도 숨을 멈췄다
두 길은 매서운 바람 날리며
히죽거리는 사람, 틈
웃어줘야지
건너편 희연 허벅지가 보였다
고갤 숙였다
돌기둥이 희였게 보였다
'이번 역은'
네모난 차표가 웃고 있다
종착역, 동묘다.

마음의 숲

두 눈 속에 잠겨 둔
그리움
어두움에 싸인 창가
빛의 그림자 가슴에 담아
달콤한 커피 향에 목을 놓았다

고독에 지쳐버린
영혼의 한쪽
모습이 청순한
시간을 삼키며 서 있다

멈추어진 생각 깨워 줄
한 줄기 가느다란 빛
높은 십자가
타오르는 젊음이다
사랑을 빗어
파란 잎새처럼
십자가 밑은
파랗세 숲 펼쳐 있다.

묵화墨畫

맛이 떫다

그 흔들림의 흔적
손끝은 달콤한 맛이다
빛은 숨을 거두고
어둠은 빛도 삼켰다

포도나무,
흔들리는 심성心性
화폭은 여인의 치마폭이다
곱디고운 자태
여물지 못한 흔적
흔적,

맛이 떫다.

바람에 묻히다

눈시울도 입김에 녹아버렸다

한낮 뜨거운 태양 빛
검붉게 퇴색되어
까맣게 타들어가는 가슴
가슴은 달빛에 그을린 흔적만
뚝, 뚝 땀에 젖어 녹아 있다

이슬도 잠든 새벽
수평선 끝은 어디며
지평선 그, 너머는 어디인지
끝 모른 바람은
까맣게 숨을 거둔 채
심장도 멈춰버렸다

그때가 언제쯤인지
발길을 재촉해도
달빛도 멈춰버린 이 시간쯤
영혼은 죽음
육체의 끝, 천 길로 떨어진
그 끝자리에 뿐이다.

여명의 뜰

떨려오는 외마디가 들렸다
모방할 것 같은 몸놀림
깊은 살 속을 헤집고 들어가서야
깊은 한숨을 가득 내뿜었다
파르르 떨리는 음색은 소음이다
녹 쓸었던 가슴속, 때를 벗기어 낼 즈음
파도는 흰 포말을 품기 시작했다
곡선의 리듬 따라
앵글 속에 비친 나신은 참았던 설움 토해내 듯
미끄러졌던 별은 바닷물 위에서
유영하는 듯 춤사위 펼쳤다
메말랐던 영혼의 안식처
아, 흥건하게 적셔진 입술, 단내가 풀풀 났다
속살의 토악질은 몇 번이고 되풀이하며
뼈마디가 잠에서 깨어난 후
향기는 바다 속에 깊숙이 손을 뻗어
촉수 더듬이로 열 셈할 동안
세포의 떨림은 굶주린 가슴에 꽂았다
별의 뼈마디가 숨을 거두며
요염한 아우성은 끝을 보고자 했다.

붓끝의 대화

눈보라에 엮여서
창틈으로 기어서 들어온 바람이다

소곤대는 정월, 베란다 창 열리고
동전 몇 닢 휙~
째깍거리는 사발시계는 추가 없다

쏟아붓던 그리움,
예리한 칼끝, 붉은 피 맛이 탐나서
이 밤도 서럽게 꺼이꺼이 울고 있다
손놀림에 놀아난 목숨
서성이던 가로등 밑은 어둡다

가슴을 후비던 바람,
식어버린 커피,
눈보라에 엮이더니, 서해 염전 속으로,
휙~
떠났다.

손 끝은 달다

구름이 닮은 형상을 달라 했다
한 조각이라도
생김새만 같다면
손맛에 놀아난 도자기 주발
그 혼은 넋을 잃고
쥔의 훈김을 받고서야
미끈한 나신을 보였으니 말이다

꽃무늬가 같아서
모양이 비슷해서
제철 지난 토공은 숨을 죽이고
앙상한 뼈
진품 값은 흥정 마라 한다
짝을 지어준 주발 다섯 세트.

빨간 사발시계

–준혁, 민혁에게

피노키오가 웃고 있다

아이 둘, 깔깔대며 쳐다봤다
휴지통에서
생명의 건전지를 심었다

째깍째깍
아이 둘, 전화기에서, 천진함이,
가슴속에, 눈에 넣어도 된다

분침과 초침은
시간이 안타까운 듯
총명해라, 넓은 마음을 심어라

하늘에 계신 분
아이 둘, 사랑했다
그 모습을 보면 살맛난다
형체가 닮아서.

소금바다

가을볕 한나절을 바싹 말린 호청이불은
천연백색 천일염을 쌓아둔 것 같아
혀끝은 간肝하니
하얀 호청이불은 코를 꿰맨 자국마다 간이 녹아 있다

영산홍 가지 끝, 밤새 하얗게 돋아난 솜털
왔던 길목도 형체 없이 하얗게 덮어 놓았다

볕은
백색 꽃가루를 뿌려 놓은 소금바다를 이뤘고
파도는 눈부신 볕을 받아들이고 있다
간이 밴 가슴은 늦가을 바람결에 숭숭 뚫려
입맛에 놀다간 빈 벤치 위, 흩어진 휴지 조각뿐이다

언제쯤이었지
떨리는 목소리
호청이불을 꿰맨 바늘 자국마다 끝없이 펼쳐졌다
마음 뒤편에 숨겨 둔
은결 덮던 강물은 내 마음 따라 곱게 흘러갔다
저 세상 끝이 보일 때
저 세월이 보이지 않을 때
볕을 쪼이는 길목, 하얗게 덮어 있다.

소금에 간이 밴 소주병

꼴깍거리며 넘겨 둔 파도
입맛을 다시니, 문득 오징어 뒷다리가 생각나서
입을 벌리는 순간, 바다가 꿈틀거렸다
어느 사내 품에 놀아나다 소박맞은 소주병
두툼한 입술로 애무해 줄 때 맛,
한낮 태양, 빈 가슴 바스러지게 태우고
바다 속에 넣어 둔 영혼,
달빛은 녹아진 그림자 만났다
포말은 파도를 잉태하니
소주병 주둥이 자국, 묻어둔 초고추장 흔적은 숲
계절이 먼 가을꽃, 코스모스
한들거리는 몸짓, 넘실대는 파도만 보였다
섬,
바라보다 지쳐서, 다가갈 수도 없다
곁바람에 걸린 파도
파르르 떨림은 고백
코스모스 넋은 간이 밴 빈 소주병, 숨도 멈췄다.

당신은 늘 그 자리십니다

따뜻한 손길이 그립습니다
새벽녘
어둠은 사라지고 찬란한 빛
가슴 위에 다다를 때
비로소 웃음을 찾을 수 있었습니다
기쁨으로 맞이하는 날
그 포근한 느낌은
삼백육십오의 숫자만큼
달콤하고 감미로운 음성입니다
그 밑에 앉는 순간
짜릿한 울림은
뜨겁게 떨어진 눈물
아, 당신은 언제나 그 자리십니다
오늘,
갈급한 마음으로 다가서는 순간
또 다른 생각을 버리며
세상을 벗삼던 기억 벗어버리면
빈 잔에 흘러내리는 은혜
살아가려는 사람을 만들어 주십니다
따뜻한 미소로 말입니다.

여인의 독백

겨울비 내리는 길목에 서성이며
또 다른 색채의 시상은
추억 만들어 가는 몸부림이다

그대,
가슴 가득 눈꽃이 뿌려지면
만개한 국화송이처럼
청초한 모습으로 다가오던 사람

오늘같이
축복의 날 만들어
차창에 부딪치는 보석이 되었다
스치는 바람, 바람은 어둠을 삼키며
나를 부르는 소리였다

사랑하는 이여!
그대,
그대의 빨간 입술에 묻어 둔
향기 속,
정숙한 여인이며
수줍게 피어난 장미꽃.

열두 시

보았다
저 – 편에 서 있는
그날,
그믐달이 눈을 켜고
나신이 되었다

보았다
붉은 눈물이 뚝뚝
선혈이 떨어졌다

그날,
그믐달은 눈을 감고
그날 이후
제야에 종소리만
덩 덩 덩.

축복

눈길만 보아도
어느 것이 먼전지
내가 무엇을 해야 하는지 알 수 있는 것은
당신의 마음을 알기 때문입니다
궂은일
하기 어려운 일도
내가 먼저 하고 싶은 까닭은
당신의 형상을 닮고 싶어섭니다
누가 알아주던, 몰라줘도
달콤한 속삭임, 느낌을 들을 수 있는 당신
그 시간을 사모하기 때문입니다
하여,
오늘 같은 날은
행복한 사람을 만날 수 있는 축복입니다
석자 이름을 부를 수 있는 권한, 부여받은
당신 모습 볼 수 있는 이유가 있어섭니다
영생의 축복을 듬뿍 담아서
기쁨으로 안식의 평안을 주신
당신,
십자가 그늘 밑은
언제나 당신의 몫입니다.

젖은 낙엽

차창에 짝 붙어서
찬바람결에 버티며 서 있기를
밤낮을, 이틀을, 사계절이 지나가는 찰라
그래서
파란 잎새를 그리워해야 하는
문득, 손때 묻은 책갈피 속에 안기고 싶다

색채도 날아가 버린
빈 공간,
가을비에 젖어 가슴까지 고독을 덮으니
세월의 흔적도
흘러내리는 빗줄기에 녹아 버렸다

뭇사내는
여인네 치마폭에 숨어서
쏟아붓는 입담을 귀로, 가슴으로, 입안에서, 맴돌고
참음의 회한을 씹어 둔, 세월의 덧,
젖은 낙엽되어
흩어지는 촌음을 꿀꺽 삼키고 말았다.

팥죽

반 컵에 탄 쓴 커피
펄펄 끓어 차오르고 있다
어젯밤 타 두었던 설탕 맛은 아니다
햇볕에 녹아버린
창가 볕은 시립도록
농염한 비웃음에 젖어 있다
봄바람은 카랑카랑한 목소리에 묶임당해서
매케한 흙먼지를 뒤집어쓴 후에야
중고차는 너털웃음을 짓고 있다
덜덜거리는 냉가슴
뜨겁게 달궈진 팥 칼국수에 빠져 허우적대고
'이 맛이 아닌데'
고개를 끄덕이며 그 맛을 찾을 즈음
칼칼한 음성이 들렸다
'그냥 먹지 뭐'
덩실덩실 춤사위는 팥 국물에 놀아났다.

남자는 오늘도 외출

건널목을 걷다 문득, 동전을 만지작, 손가락은,
먼 산을 바라봤다
왜 서 있는지 묻고 싶을 때가 있다.
휭 하니 스치는 바람, 가던 길을 묻고,
곁을 어디든 따라가고 싶던, 떠나며, 지나쳤던 세월
해서, 봄의 길목은
가면을 쓴 남자의 모습이다.
잠에 지쳐서, 생각은 누덕누덕 퇴색되었다
푸르디푸른 그 시절은 떠나갔다
전철 좌판에 놓인 감자, 찹쌀, 서리태, 시금치 두 단,
세월의 흔적은 옷소매를 걷어붙인 아낙의 모습
언제쯤, 다시 만날 수 있는 사람일지 모른다.
김이 모락모락나는 포장마차, 붕어빵 입에 넣고
21' 빈 잔은 폐부까지 섬을 만들어 놓고 말았다.
꺼칠하게 서성였던, 그 언제쯤 지나칠 이곳도
포도청이 된, 마실 줄 모른다. 취하고 또 취하고 싶던.
봄은 사내다.

만석공원

바삐 걷는 모습하며,
흐느끼는 음악에 머릴 식혀본다
분수대에서 왈츠, 물보라는 춤을 추고
색다른 이들의 발맞춤은 짝을 잃었다
말없던 아우성, 발자국 소리만
산들바람은 호숫가에서
레이저 입술로 뿜어지던 물줄기
가을 달빛은 별빛 반추를 즐겼다
어스름한 갈대숲으로 몸을 숨겼다
고독한 뿌리를 박고
너른 이파리는 연꽃 속에 묻혀
단아한 꽃망울은 그리움도 삭혔다
별빛이 호수에 빠질 무렵, 음악은 멈춰버렸다
땀에 젖은 어깨, 훈김이 넘칠 때
가을은
저 호수에 빠진 달, 별 그림자로 서 있다

* 만석공원 : 수원 소재

모래성을 쌓다

가을비 속삭임으로 찾아왔다.
발걸음을 재촉하며 떠나던 길
언제나 그 자리인데
이제, 비워두고 떠나야 한다.
튤립이 불쑥 얼굴을 내밀 새
지난 시간 묶어 둘 추억은 없다.
하나, 둘
그렇게 흘려보낸
아, 아름다운 이별이 아니던가,
지치고 찌낀 마음을 추슬러야
갈바람도 큰 기지갤 펼 수 있음이다.
가을은,
또 다른 생각을 만들어가는 습관,
그래, 습관처럼, 숙명이다. 인생은 일부분,
닦고, 닦다보면
흰색은 맑은 현상이 보였다.
투명하게 비우고 떠난 날이다.

단원 김홍도의 꽃은 수채화이어라!

단원 김홍도가
도포자락에 넣어 두었던 안산.
화폭에 담아 둘 화선지의 색채는
붓 끝에 놀아난 여인네의
흐드러진 치마폭이었다.
서해바다 푸른 물결이
민초들의 가슴마다 출렁거릴 때
수원과 인천을 오가던
협궤 열차의 박동 소리 울려 퍼지고,
광덕산 산기슭엔
예술혼 꿈틀대며 만들어진 안산시 청사
풀뿌리 민의의 전당에서
해바라기 꽃으로 활짝 피어났다.
아아, 스물두 살 청년의 열정이여!
예술의 전당 앞마당에서 와~스타디움까지
동아줄로 굵은 선 이어 놓아
곱게, 곱게 물들인 단원의 후예들아!
혼을 담은 꽃이어라!
붉고 화사하게 어서 어서 꽃을 피워라!
농 짙은 노랫가락 소리는
흥에 겨운 듯 덩실, 덩실 더 덩실~
이런 날이 왔소이다.
축제의 날이 왔소이다!

눈부신 수채화 한 폭이 완성되어 갈 즈음
불꽃되어 터질듯 한
단원의 혼은
화폭에 숨어 있던 손맛이 되어
생동감 있게 손짓하리니
아이야, 어서 오너라! 어서 어서 오너라!
이리로 와서
단원예술제에서 한바탕 춤사위를 펼치자구나!

– 제22회 별망성예술제 개막식 축시

2
홍매화

낮밤 · 2
－빙판

바람이 분다
겨울 바람은 사나워서
나뭇가지에 붙어 있던 외로움이다
훌훌 떨치지 못해 아쉽다
바람이 부는 서쪽
혼자라서
바람을 막지 못했다
두렵다
빙판이 되어 버린
벌러덩
까만 밤이다.

낮밤 · 3

–불면증

낮은 밤보다 짧다
울고 있다
눈물에 고여서
서러워서
내 몸이, 내 영혼이 가엾서다
그 품에 안길 수 없다
십자가 뒤로 숨었다
눈물이 떨어졌다
빈 가슴에
울컥, 고해성사를 했다
차창 밖, 앙상한 갈대가 서 있다
덤 없이
흘러갔던 시간
잡을 수 없던, 그분 손을 잡았다
'그래, 속상해하지 마라'
유리창에 빛이 보였다
찬란하다.

낮밤 · 4
—어둔 창

그래,
그 마음 알 것 같다
아주 작은 배려도 못했다
잠시 생각하면 됐는데
그것조차 못했다
뜬눈을 감고
연습이라도 해보면 되는 건데
두려움이다
내 마음이, 내 영혼이
저녁 밥상도 잊은 채
환한 창가에서 빛을 보았다
환한 웃음도 보았다
젖어 있는 마음도 보았다
별이 떨어졌다
흐느끼는 반달이 보였다.

낮밤 · 5

– 여우눈雪

이, 소리 듣지 못했다
무슨 생각 하고 있을까
잠시, 창밖을 봤다
흰 구름이 굴러 굴러서 갔다
차디찬 겨울밤은
흰 눈 속에 굳어 버렸다
모두를 바꿔 놓았다
잠시만, 잠시만 생각하자
그래,
소리가 나지 않는다
달 그림자가 보였다
별빛에 숨었다
잊었다
잊었나,
한낮 눈사람 형체가 녹아 버렸다.

낮밤 · 6
—독도

점령군이 밀려온다
바다, 그 황량하게 들떠 있던
검은 뻘은 목침대로 변해 있다
제때 떠나지 못한 썰물은 목침대 받침이 되었다
흑막은 딱지를 떼고
계급장은 별이 두 개가 번뜩거린다
아까, 젖무덤을 훔치고 지나쳤던 파도,
검붉은 서녘 향기 등잔을 타고 넘나들던
도톰한 아랫입술, 빨다가만 아이스크림 맛이다
그, 뱃속 창자가 꼬이고 뱉어 둔 언어의 씨,
곱상한 형상 조각은 칼날에 베임을 당했다
몹쓸,
수평선은 점령당해서 두 무릎은 꺾었다
잔잔한 바다,
비릿한 바다 냄새는 벌렁거렸다. 콧구멍에서
흰 연무만 자욱하게 바다를 덮었다.

낮밤 · 7
-다도해

나뭇잎 둘,
잔가지 끝에서 떨어지지 못한 채
찬 이슬을 마시고 있다
한낮 막걸리 두 잔, 홍건해진 혀끝
그 맛에 놀아나다 갈바람을 만났다
차창엔 흰 김이 서리고,
오랫동안 묵혀 뒀던 다도해
굽은 오르막길, 그 끝을 향했다
저 멀리 숲은 녹음에 묻혔고
파도에 손맛을 본 조약돌
은빛, 금빛, 천연의 화석, 바위가 아니다
첫 새벽, 이슬 마시며 즐기던 파도 꽃
물살에 뼈마디가 붓고,
바다에 잠기고
파도에 묻혔다
화석은 비취가 되고,
속이 훤히 보이는 구슬이 되었다
나뭇잎, 아침 햇살, 곱다.

낮밤 · 8

-서울역을 떠나며

커튼을 젖히니 창밖은 어둡다
별은 살구나무 끝에 걸려서 어기적거리는 폼이
허둥대는 밤이다
살가운 저녁 간식을 먹었던 군계란
살내를 풍기며 목구멍에서 토악질을 해대고
축축해진 손마디가 싸늘하게 식었다
늦저녁
골목을 빠져 나왔다
컬컬한 동치미 한 사발 곱씹으니
김치 가닥 목에 턱 막혀 버렸다
이런, 미역국 한 사발, 고봉 흰쌀밥
별빛은 지금도 나뭇가지 끝을 벗어나지 못했다
그믐날은,
창밖은 아직도 어둡다
싸늘한 겨울 냄새는 부슬부슬 비에 젖고
나뭇가지 끝은 하얀 빛,
녹아 있던 가슴에 비수가 번뜩였다
살짝 꺼내보길 수차례
칼날을 벼르는 손놀림에
너덜거리는 쓴웃음이다
아, 외롭다, 외롭다
서울역을 떠난 사람 돌아왔다.

낮밤 · 9

–집장촌의 처녀

그렁그렁 눈물이 보였다.
시집도 못간 처녀
밑으로 남동생 둘과 여동생 셋
세상과 담을 쌓고도 흙벽돌로 높은 담장을 쌓았다
손톱이 빨갛다.
눈두덩은 항상 부어 있다.
땅거미가 밀려오면 자신을 묶었던 사슬을 풀고
호박넝쿨 잡아당기는 연습만을 재촉했다.
가슴 안에 쌓아 둔 벽은 무너지고
밤이 하얗게 새는 줄도 모르며
오징어 다리는 뭇놈의 입술에 놀아났다.
물에 풍덩 빠진 솜이불처럼
처진 엉덩이가 붉게 물들 때
손에 쥔 파란색 표지 얼굴이 보였다.
그녀의 가슴만한 돼지저금통은 숨을 헐떡이며
비명 소리에 소스라쳐 자리에 눕고 만다.
수세월,
먹고, 뱉고, 닦고, 지워버린 자국은
무너진 흙벽을 쌓을 때,
간간히 뿌리는 빗줄기에 옷깃을 적신다.

–뉴스에서

낮밤 · 10

—새벽밥

하얀 날개를 난다
퍼덕거리는 소릴 듣지 못하고 새벽이 왔다
뿌연 안개 시야를 가리고
새벽, 조반을 함께한 사람 서울로 떠났다
출입문에 기대어 출근하는 모습
가슴 저편에서 참았던 미안함이 돋아났다
무탈이라는 단어가 머릿속을 맴돌 뿐
안쓰러움에 차마 고갤 돌리지 못하겠다
젊음이라는 피,
살갑게 지탱하지 못한 시간들
어쩌면 체면에 빠져 허우적거린 흔적만 남아 있다
언제쯤,
그녀에게 하얀 날개를 달아줄까
아내妻가 아닌 여자로
새벽을 여는 수고가 없는 날이다.

낮밤 · 11

–착한 아내

오늘부터 큰 숨을 쉬기로 했다
청년 시절 꿈을 향해 내일을 열어가던
그때,
그 누구의 도움 없이 잘만 뛰고, 걷던
아, 한때의 외로운 시간을 접었다.
세상을 다 내 가슴에 집어넣었던 야망,
서울로, 부산에서, 대전으로, 그리고 세상은,
걷는 습관, 구두 뒤 굽을 세 번이나 갈아치웠다
부지런함이 형체로 남아 있으니 말이다
가끔, 비가 내리는 날 헌 구두를 버리고 싶었다
생쥐마냥 흠뻑 적셔 놓고, 들뜬 마음에
잠자리에 들곤 했다
여자는 언제나 그랬듯,
젖은 구두에 신문지로 볼이 터져라
넣어 두었다
오늘, 큰 숨을 쉬기로 했다
강물은 말랐고, 바다에 파도가 빠져 죽었다
바람은 뱃전에 잠이 들었다
사내는 초음 한 잔에
영혼도 팔아먹고, 어전은 한쪽 눈은 부라린
핏빛이다
끝없는 은하계, 좁은 가슴을 내려놓았다

조금 전 먹었던 생강차 맛에 자못 소스라쳤다
여자의 손맛은
아직도 내 가슴엔 강물이 넘치고 있기 때문이다.

낮밤 · 13

—여의도의 밤

백사장이 없다
모래밭은
불빛에 녹아 버렸다
모래성은
사내들 가슴속으로
비린내를 풀풀 풍기며 떠났다
강물은
별빛도 삼켰다
빌딩 숲도
벚꽃이 만개한 국회의사당
황금 어깨는 숨을 멈췄다
24시 슈퍼도 문을 닫았다
팩스가 날아들었다
인기척이 들렸다
새벽이다.

낮밤 · 14
–크리스마스 이브

옷깃을 세웠다
시린 가슴을 덮었다
아파트 주차장은 듬성듬성 빈칸,
어두움이 깔리면
불빛을 벗삼아 핸들을 숨겼다
세월의 벽은
덕지덕지 붙여 놓은 모자이크
개성 섞인 필체가 윤이 났다
참, 뭐 볼까
해가 뉘엿뉘엿 몸을 숨길 때,
한 장 남은 달력
그 숫자놀이로 세월을 허비했다
아기예수의 탄생,
목놓아 불러본다
십자가 뒤에 숨었다.

낮밤 · 15

–동짓날

시일을 훨씬 넘긴 동짓날이다
펄펄 끓인 팥죽은 숨이 멎었다
여자가 손으로 동그랗게 비벼서 만든,
그래서 그 맛이 더했다
차가운 바람은
넙죽 엎드려서 눈을 치켜세웠다
그놈, 대충 그렇게 대충,
쩝쩝거리는 입 모양이 맛을 더했다
백이십도를 넘긴
형체를 갈고 갈아서 채에 국물만 남겼다
소금, 약간의 설탕
진흙탕 싸움이다
입술은 넙죽, 입다심을 했다
자정이 다 되어가는 야밤,
숨을 거둔 팥죽은 걸쭉했다.

장미꽃 · I

이, 창백한 얼굴
가슴 안 붉은 정열로
꽃병 속에 가련한 꽃
내 영혼 잠들어 있을 때
오감五感 자극한 그윽한 향기로
고백하지 못해 애태우던 가슴
빈 가슴으로 적시어 주었다

홍조띤
입가의 미소가
또 다른 인연되어
파랗게 멍든 줄기마다
하나
둘
새론 만남은
주홍빛, 만인의 연인이다.

장미꽃 · Ⅱ

너의 가슴속
감추어진 사랑 바치기까지
지켜준 까닭은

채워지지 못할 사랑
받을 수 없다면
주지도 마라

너의 미소로
마음 빼앗아 갈
정열적인 포옹도 하지 마라

너의 모습
붉은 가시로
그 자태가 부끄러운 사치뿐이다.

장미꽃 · Ⅲ

너의 몸속 깊이 감추어진
순결
뭇사람에 가슴에 안기어
보일지라도
고백하지 못한 사랑

참,
그 숨결 아름다움
작은 가슴 비워둔 사연이
빨간 입술이었네

화려한 외출
고운 얼굴 보이는 것이
그 순정 주고 싶어서겠지.

젊은 시절

아련하게 떠오르는 기억들
찾아오는 사람도
홀로이
창가에 서성거렸다
미래를 꿈꾸며 울부짖던 때
나에겐
아름다운 추억보다
슬픈 기억이 생각났다

막연한 생각에 잠을 설쳤다

대학문을 나설 때,
머물 곳이 어디인지 물었다
슬픈 일이다
무거운 삶을 유지하며
가슴 조린 시절
이젠
모든 것이 저물어 간다
앞만 보고 달렸다
말이 없다
그날은.

젓가락 한 개

어젯밤에 꿈을 꾸었다
사실을 오도하는 사건이 전개되고
내가 주인공도 아닌데, 그를 따라 다니며
죽음, 그 틀 안에서
못내 아쉬워하는 꿈을 꾸었다
길몽이겠지, 악몽일거야, 아니다,
그래, 오늘 복권을 사야겠다
비운은 아침에 서리를 맞고 쓰러졌다
그동안 무엇했다고 돈도 못 버는 사내라며
웃음짓던 여자, 그 냄새에 난 취해 버렸다
긴－외출, 방황이라도 해볼까,
화장실에 앉아서 신문을 들척이다 무표정한
한 사내의 얼굴을 볼 수 있었다
너, 너는 대체 누구냐, 대답이 없다
젓가락 한 개, 거실 구석에서 울고 있을 뿐.

넓은 바다가 깊다

웅크리며 단잠을 청하기엔
너무 비좁은 간이침대
눅눅한 비닐 덮게
신문지로 돌돌 말아 놓은 베개
이, 밤이 너무 길게 느껴지기 때문입니다
生과 死의 길목
너, 나 없이 무뎌진 웃음 속엔
긴- 침묵만이 자리에 깔아 누워 버렸습니다
가느다란 주사바늘 끝
생명을 이어주는 줄기
나약한 존재는 시간을 구걸하는 행인입니다
길게-늘어진 5% 포도당
실날 같은 생명 끈이 되어 버렸습니다
그래도
새벽은 빛은
지친 하루의 일상은 시작됩니다
힘에 부쳐
그 누구의 위로의 말을 듣지 못하는
아쉬움 분침은 거친 숨소리로 변해서
아, 시간은 나를 버리고 마는 모양입니다
빗줄기에
가슴을 묻는 이유는
나의 존재가 미워 미워서
깊어가는 이 밤이 더 아파서입니다.　　　-아버님 영전에

축제와 춤

아스팔트 바닥에 바람이 쓰러졌다
발꿈치가 넙죽,
코발트 색감은 하얀 연무를 덮었다
무슨,
그래, 네 집은 어디지
생각나지 못했다
꽃무늬에 묻힌 별은 입안 가득한
별빛을 토해냈다
쓰러진 바람의 손을 잡고
들판엔 탱고 곡조가 너울거렸다
이쯤,
멈춰야 하나,
펄럭이는 봄바람, 피식 웃었다
아직 멈추지 못한 축제
그 끝은
저 빌딩 숲 사이에 십자가가 보였다.

34년

그 안에 감추어진 비밀
보일 수 없다는 좁은 생각을 했다
오늘,
차가워진 마음은
내 안에 숨겨놓은 사랑
고백하지 못하면 어쩌나
짓누르고 있어서이다
그대와 둘이
낙엽이 뚝-뚝 떨어지는 오솔길
걷고 싶은 시간,
그의 포근한 가슴에 안기고 싶어서이다
다- 소유하고 싶은 것이
詩의 음률은
메아리가 되고, 노래가 되어
삼십사년 몸을 부비며 살아준
아내, 그래, 사랑한다
고맙다, 고맙다
그때, 처음처럼
그때, 그 모습으로
그대 마음까지 갖고 싶어서다.

함박눈

지워야 할 이야기가 있다
검게 그을린 마음의 소유자
흰옷을 입어 가슴이 없는 사람이다
긴- 동아줄처럼 생각도 같이 하던 날
뚜벅뚜벅 걷던 길이다
그, 또한
꿈속 걸어야 했다
갖고 싶은 이야기가 있다
커든 뒤 숨겨진 얼굴
그림자에 비친 마음은
엊그제 철대문을 박차고 나갔던
슬픈 영혼
앵글 속으로 잡아야 했다
목까지 길게 뻗은 가련한
한 사내다
스치는 듯 다가서 오는데
그, 모습은 나, 내가 아니다
함박눈에 푹 파묻은
꿈속이었다.

행주

차가운 손맛 느끼며
뜨겁게 덥힌 가슴 적셔지고
누덕누덕
바람에 누일 수 없다

여인의 손맛 그리워지면
바싹 마른 양지 밭에서
하루 종일 기다렸다

봄볕에 얼굴 붉혔다

펄펄 끓는 솥뚜껑에서
한바탕 춤사위를 펼치다
함지박에 풍덩,
뽀얗게, 포근한
다시, 그녀의 손맛이 그립다.

홍매화

투명한 물감으로 덧칠해 둔
시간 속의 언어들
어둠은 그 화상을 예쁘게 그려 놓았다

들숨과 날숨이 교차한 고독,
틀 안에 박아 놓을 낱말의 교합은
주홍빛에 녹아 버리고
고운 살결은
바닷물은 파도에 묻혀도
그 색과 그 맛을 버릴 수 없다

빈 가슴에 쏟아붓던 바람
달아날 것 같아서, 낱말이 잊을까 해서,
이, 고백은 단내를 풍기며
폐부 속은 이슬을 매달고
수채화 같은 언어를 뱉고 있다
사무치게 그립던 겨울.

서녘별은 바다다

바다를 헤엄치는 바다새를 보았다. 서녘별은 파도를 삼키고 바다는 별 속에 녹아 있다. 넘실대는 파도에 몸을 부딪치며, 신열은 타오른 불꽃, 바닷물에 잠수를 타고, 버티며, 또 참아야 하는 운명은 시간과 싸움을 시작했다. 밀물이 목젖까지 차오르는 순간, 너털웃음 날리며 혀끝은 간을 봤다. 파르르 떨리던 날개를 접었다. 날렵한 통통배의 물살 썰물은 묵은 때를 토해 버리던, 아, 시간과 장소에 구애받지 말자 가슴 속에 담아 두었던 생각도 접었다, 왜냐하면 해 저무는 석양을 삼켜버렸기 때문이다. 어둔 밤에 바다새가 난다는 항구에 가보았다. 파도는 소리 없이 별밭에 녹아져, 저편에 떠 있다. 밀물과 썰물이 교차된 방파제는 목을 맨 조각배만이 한가로이 떠 있던 벌판 위, 높은 파도가 움찔대던 갯바위, 괭이갈매기 울음소리로 소스라치며 떨고 있는 한 영혼이 서 있다. 행운이라는 천만분의 일로 복권이 당첨된 사내, 강심장으로 살아갈까. 시간은 재촉하듯 떠나갔다. 텅 비워둔, 통장엔 잔고가 부족하다.

안부

봄빛은 파랗게 움이 돋았다
세월도 흘러 흘러서 바다는 서해 소래포구를 떠나
동해 독도까지
출렁이는 파도만 보였다
그들은 입버릇처럼 말했다
'독도'
'다케시마'라며
그들 가슴에 구멍이 숭숭 뚫려서
늦겨울 바람에 맞고
방사능 수증기 젖어 파도도 숨을 거뒀다
소금 맛은
세숨 봄바람에 녹아 버렸다
지금,
대한민국의 영원한 땅, 독도는
갈매기의 울음소리가
'가'나'다'라'마'바'사…하'라며
웃음짓고 있다
봄바람은 세상을 덮고, 세월을 놔둔 채,
안부를 묻고 있다
'자네'
별이 없지.

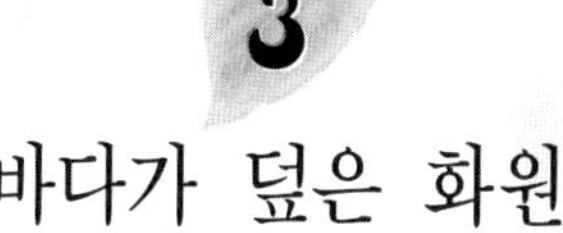

3
바다가 덮은 화원

가을빛

커튼을 내리는 순간
파르르 떨리는 입술을 보았다
천연색 연두빛은
입술에 묻어 둔 선분홍이다
거울 속에서 만지작거리던 얼굴이다

금방이라도 터질 것 같던 이슬방울
참고 참았던 가슴의 벽
날카로운 신경세포는
가을빛에 고갤 떨쳤다

밤새도록 지저귀던 이분음표였다
못 갖춘 음표 마디도 넋을 잃어가고 있다

휑~ 비어 둔 베란다
읽지 못한 책장을 넘기며
곱씹고 또 곱씹어 봐도 버릴 수 없다
구두가 굽이 높아 바삐 도망갈 수도 없다
가을빛은 거울에 걸려
창백한 커튼을 올리는 순간
반토막난 나신裸身은 오감五感을 독차지해 버렸다
거울 속 별빛이 보였다.

가을 전어

호주머니는 쨍강거리는 동전 두 닢이다
만지작거리던 손
팔랑거리던 파도 바람 깃은
가을을 잉태하며 길목에 서 있다
서해를 가로지르며
따스한 손, 꼭 쥔 무언의 고백이다
은빛 비늘 벗어던진
전어의 담백한 맛은
파란 파도의 시원한 냄새가 났다
세월, 산곡을 넘나들 벽
높고 깊어서, 아니 좁은 골목이라서
그 길가에서 만난 사람이다
파르르 떨리는 음색
팔색조의 음률로 변해서
가을 햇살의 볕을 폐부 깊숙하게 넣었다
끝이 보일 것 같은 떨림
뼈까지 다 삼켜 버렸다
아, 선이 닿음과 그어짐
은빛, 가을 바다는 눈이 부시다
그 깊이를 셀 수도 없다.

건망증

숫자 셈놀음에 빠졌다

덧셈과 뺄셈은 공간은 채우고
빨갛게 그려 놓은 지도
점선을 따라갔지만 끝,
뒤돌아오던 길목엔 벚꽃이 피었다

어, 달빛에 그을린 나뭇가지뿐이었는데
밤새 눈이 내렸나

새로 바뀐 큰딸 전화번호
머리 위로 헬리콥터가 떠 있다
투, 투, 두우
맨 그 자리다

프로펠러가 코 위에 맴돈다
숫자, 9, 8, 7, 3, 2, 1
비었다.

대부도

– 오징어회

바다는 파도에 묻혀 버렸다
바위틈에 서 있는 바다
철썩이는 파도,
청바지를 입은 통통한 오징어가 보였다
채 자라지 못한 오징어
입안에서 널름대는 촉수로 먹물을 내뿜는다
층층계단에서의 짜릿한 정사
비 내리는 바다를 보았다
발가벗은 맥주병은
어느 여인네의 흐트러진 치마폭에
꼭 숨어 버렸다
뼛속까지 파고드는 짠맛은
등줄기까지 시퍼렇게 시려왔다
파도가 바다를 삼키려는 순간
입안에서 놀아나던 혀끝
그만, 파도는 토설하고 말았다.

망망대해

흩어지는 바람이다

가슴 시린
파도는 늘 배가 고프다

어둠은 빛이다

빛은 시야를 뚫고,
흔들림은 봄이다
뜨겁게, 파르르 떨리는 음색,
그래, 채우고 채워야 한다

흩어진 바람
파도, 바람도 묻었다

은어 떼가 밀려와도
살가운 바람, 속지 마라
흔들림뿐이다.

바다가 덮은 화원

하얀 파도
겁에 질린 듯
물살 가르며 맞이한 만선의 깃발
덥수룩한 파도의 옷깃
흰 이를 내보이며 너털거리는 웃음이다
다소곳한 아낙의 가냘픈 숨소리가
대부도 선착장엔
화원 가득 만개한 꽃 속에
붉은 장미가 피어 있다
바다,
서해 뱃길은 생과 사의 길목엔
만선의 흔들림도
물살을 가르는 나이테처럼
하얀 목련이 흐드러지게 웃고 있다.

바다에 눕다

바람에 취해
호수는 바다를 마시고
붕어찜은 질긴 무청에 놀라서
호수에 풍덩 빠져 버렸다

겨울 끝자락,
가던 길에 봄을 찾는 갈매기를 만났다

삶을 위한 몸부림도
채우지 못한 빈 가슴은
가랑비 속에 비끔 고갤 내밀었다

어둠을 훔치던 고백
하늘을 날아봤던 그도
바다를 건너던 그도
파도에 그을린 흔적은
애달픔에, 사랑하고파서, 빛낸 눈동자,
품고 싶은 갈매기의 날개짓이었다
목마름은 때를 기다리며,
바다에 누웠다.

바다의 변주곡

불러도, 불러봐도
대답도 없다
넘실대는 파도
오늘도 묵묵무답이다

눈물 자국은
가슴에 묻고
애통한 변주곡은
바닷바람에 날렸다
찢기고 찢긴, 세월의 흔적만
침묵으로 잠잠한 파도가 말한다

사랑한다, 사랑한다,
차마, 부르지 못하는 이름이다
피 끓는 젊음도
두 동강난
푸념도 못한 채
돌아오라, 돌아오라
파도는 말했다.

새벽

부풀어 오른 아랫배, 오그라진 두 무릎 사이로
신경질적인 떠넘김의 싸움은 시작되었다
조금만 참자
아니야, 지금 일어나야 된단 말이다
뇌파에선 적신호가 깜빡거려도
눈꺼풀에 눌린 입술은 떨어지지 못하니
힘껏 허리를 추스르고 무릎 구부려 버텨본다
흐르던 시간 속, 비시시 일어난 윗몸은
허공을 내던지며 내공에 길들인 자尿를 배출하니
음, 이 맛보다 더 시원한 맛이 어디에도 없도다
단언할 수 없지만
새벽마다 그 누구에게나 숙명처럼 다가오는 전율
물줄기가 세차게 항아리에 떨어지는 순간
새벽 바다의 삶, 마지막은 아직 멀어 있다
잠이 오지 않는다.

섬, 섬

그래,
섬을 안고서
곁눈을 보았다
꼿꼿한 추임새가
박자를 맞추니 새벽은
모래밭이다
아, 빈자리
별이 떨어졌다
새벽 끝이다.

솜이불

한낮 붉디붉은 大暑
오전, 줄기차게 퍼붓던 장맛비는
어머니가 목화솜 이불에 흘린 땀이요
바람 따라 불어대던 빗줄기는
아버지의 흥겨운 노랫가락,
오후, 찾아든 솔바람 또한
내 조상님들의 덕이 날아옴이니
삶의 언저리에서 서성이고 있는 놈,
조반 쇠고기미역국, 흰쌀밥은 따뜻한
아내의 정성어린 상차림이니
이놈 위해
새벽 마다하지 않고 딸, 사위, 외손자 둘
합창하는 축가, 고마움에 가슴 시리다
아, 세월 떠나는 三伏쯤,
눈물에 젖어
여린 몸 힘을 얻어 세상사 즐기려는데
갈 곳 없는 나그네여,
의지할 곳 없는 나그네여,
그 모습 뵐 수 없는 부모님만 그리워라.

시간 속에 넣어 둔

희망의 빛을 따라 나서던 길
앞만 바라보며 걸어 왔는데
뒤돌아보아도 보이지 않는 안개와도 같은
세월
가슴 가득하게 쌓여 있는 두려움,
삭혀내고 녹여내어 희망의 잔을 나누고 싶다

삶,
버거움에 그 누굴 찾고 싶어도
내 모습은 어디로 가는 것인지,
겹겹이 쌓인 무게만큼
한잔 술에 확~ 토해 내고 싶다

그저,
혼자가 아닌 다른 사람 틈에서
버리고 싶은 내 안의 비밀
삭히고 녹여내어
살며시 내려놓아도 좋을 것을
아,
행복이라는 낱말.

시월에

문득,
창가에 비치는 얼굴
비에 젖은 듯
하얀 그림자가 서 있다

보랏빛
수줍은 그 모습엔
그리움 씨가 타다 남아 있고
어두움에 영혼을 숨길 때

그 마음 갖고 싶어
이슬방울 거울 속 감춰 놓은
가을을 안고 찾아 왔다

시월의 들녘
다부진 형상은
환한 미소에 가득 담아
땀 흘린 수고가
행복을 펼쳐 줄 사람이다.

아, 부여夫餘
–낙화암

밤길을 툭 툭,
볼일도 없다, 구두 끝은 갈잎의 숨소리
아, 창가에 흐르던 달빛이다
목 줄기를 넘나들던 입술의 떨림이었다
흔들던 어깨 바람, 뿌리가 덮어준 형체다
구성지게 불어주던 나팔 소리다
사방에 흩어진 구름 조각
가슴에 박힌 후
선혈에 녹아버린 핏빛, 은어가 뛰어 놀고 있다
부소산 원두막은 황량한 바람 막아선 즈음
갈잎은 또 다른 색깔을 입혀 놓았다
뒹굴고 뒹굴어도 그대로다
낙엽되어서,
갈잎이 되어서
낙화암,
그 숨소리는 강물에 목을 파묻었다
간이 밴 음색은 겹겹이 쌓아둔 모래밭이다
흔들어대던 꼬리마저 싹둑 잘라 버렸다
메아리도 꿀꺽 삼킨 흔적뿐, 형체 없는 뼈
'계백' 달빛은,
숨어버린 별빛이 되었다.

* 부소산 : 부여 낙화암

웨딩드레스

벚꽃처럼
순백의 배꽃처럼
웨딩드레스가 나비가 되어
순백으로 다가온 사람이여
사월의 첫날을 생각해 주세요
소녀가 처녀가 되고
소년은 청년이 되어
손가락에 끼워 준 언약의 반지
이 봄날이 오면 생각해 주세요
화창한 봄빛도
둥그런 달빛도
둘의 사랑을 만들어 주던 날,
일곱 색 무지개 핀 언덕에서
우리 생이 끝날 그날까지
사랑한단 고백
그 봄날을 생각해 주세요
사랑하는 사람아,
그때, 마주친 다정스런 눈빛
달콤한 속삭임
다정하게 손잡고 걷던, 모래밭
가슴은 뛰고,
둘만의 손 꼭 잡았던 순간,
별빛 다리를 거닐던 날 기억해요

총각 처녀가 어른이 된 지금,
우리 삶은 준엄했지만 행복했던
우리 그 봄날만을 생각해요.

– 결혼기념

이슬을 먹고 사는 여자

한 여자를 사랑했네
둥근 원을 좋아하며
통통한 몸매 부족해도 완벽을 즐기는
한 여자가 서 있네
달빛을 좋아하며
음악 듣기를 즐겨하며
한 남자의 여자가 좋다며
이슬방울을 보면 안타까워하던
부드러운 한 여자를 사랑했네
마음 씀씀이가 예쁜 여자
노천 카페에서
별의 속삭임에 눈물 글썽이던
가을 바람은 그 맘을 삭혀 주었다네
한 여자를 사랑했네
바다를 좋아하며
시를 무척이나 좋아하며
세월을 사랑하던
때론 고독을 즐길 줄 아는 여자
수줍은 한 여인이 여기 서 있네
맑은 새벽 이슬처럼
맑고 고운
두 딸의 엄마인 그녀,
지금, 그 여자를 사랑하고 있네.

추락의 끝

날개를 접다

끝없던 추락은
퍼덕이던 두 날개가 접힌 후
구름 뱃속에서
할딱거리는 몸골이다

그, 끝이 보였다

점점 멀어져 갔던
저, 수평선 끝
빗물은 망망대해에서
허우적대는 영혼
오호라,
저 날개 깃털도 뽑혔다
접힌 날개짓도
할딱거리는 숨이다

추락이 끝은
쪽빛 바다
파도에 푹 녹아 버렸다.

추억의 사진 한 장

연안부두 방파제 곁
석양 노을 입을 벌리며 다가오던
시간
회 한 접시,
벗하자던 파도
후회의 쓴 잔은 추억을 사르며 넘겼다
비릿한 바다
코끝 다-달을 때
벌거숭이 맨몸은 철썩이는 파도다
방파제는 씨앗을 품으려 했다
빈-공간 속
삼킬 듯
배설한 물줄기
바다 물살 가르며 떠나가는 여객선
빛을 찾은 저녁놀
뱃전에 남겨진 발자취
지우지 못한 몸부림이다
갑판 위,
쌓여 있는 모래섬
먹다 남긴 추억은 사진 한 장뿐이다.

케이크 조각

케이크를 두 조각으로 썰었다
허연 속살이 층층 쓸려나간 자리
별빛은 쏟아지고
파란 파도는 눈을 휭, 그렇게 치켜뜨고
광란의 질주는 시작됐다

달콤한 맛에 놀아났던 혀끝,
케이크 조각은
어지러운 듯 목 줄기를 넘나들며
긴 여정은 끝없이 펼쳐 놓았다

아, 비좁았던 골목길
그냥, 스치며 지나치면 됐음을
맘 조리며 허겁지겁, 남겨놨던
물 한 모금
턱턱 몸이 시려온다

잔잔해진 저 바다 끝.

파도가 꽃

하얗게 핀 파도 꽃은
베토벤 교향곡 음률을 토해내 듯
철썩거리는 파도 위,
화음은 건반 위에서 춤을 췄다

녹아진 쉼표
강약 선율로 남겨 놓은 손때
곡선 마디마디를 만지면 살갑게 길들여진
꽃잎은
영혼 속 항아리에 꽂아 둔 연못이다

흰 파도, 물거품도 방파제 부딪쳐
들숨이 곧 넘어갈 찰라
파르르 떨리던 음색은 절규
파도 꽃은
그립던 사람 틈에 현몽을 꾸며
꺼칠한 어둠 속,
바다가 넘칠 때.

포도

그놈 배짱 좋다

속까지 검은, 달콤한 맛으로
혀를 농락하더니 씨알도 굵다

바닷바람도 비웃으며
대부도
선선한 갈바람은 웃었다

그놈 배짱 좋다

얼굴에 분칠로 뒤집어쓴
허울 좋은 인간 냄새보다
그, 입술에 녹아든 맛은 어떠냐
달콤한 맛이 같든.

하얀 국시

입추立秋,
여름 한낮 더위도 떠났다

기다린 흔적
그 흔한 목마름의 저녁
아내妻가 콩국수를 만들 때
홍조띤 미소로 하얀 국시가 말을 건넨다

이, 뭇세월의 손맛
콩물에 녹아난 담백한 맛 어떠냐며,
정성 가득 담아서
그래 사랑한다, 사랑한다,

삼복더위는 쉬 떠나지 못해도
베란다에 피워 논 두 줄기 난蘭꽃
그 향기는 땀에 젖은 내 색시 냄새다

추색秋色, 가슴에 닿으면
석양빛 빗어논 고운 자태
오는 토요일 저녁, 콩국수 해 달래련다.

형상形象

바람이 불면 떨려오는 전율
다정한 속삭임이 들리는 듯
쓸어내리는 슬픔, 확- 토해 놓았다
높은 숲은 만들고
꿈꾸며 기다려온 작은 가슴에 맡겼다

녹음 깃
태양의 버팀목으로
묶이어 왔던 젊은 육신의 피다
잔가지 끝마다 부닥치고 쓰러진 영욕榮辱
물거품처럼 허상虛像은 쌓여만 갔다

그 형상
속옷을 덧입히고
누덕누덕 살을 찌끼어서
휭-하게 뚫어져 속살도 태워져 있다
몸져누운 지친 영혼靈魂은 헝클어진 육체 밑
비로소,
높게 쌓아 둔 자아自我의 벽은 허물어졌다.

호수
−가슴 안에 죄

이틀이 지나도 덥수룩한 수염 깍지 않았다
한가위 명절, 고향을 가지 못한 죄다
덥수룩한 수염은
밤송이를 덮어 놓은 듯하다
뉴스에서 귀향 인파와 역귀성 인파로
고향길은
주차장을 만들어 놓았다
고향이라는 단어에 그리움에 참고 기다린
이들
저 인파 속에 나도 있어야 하는데,
호수공원을 세 바퀴 돈 것으로 추석을 만났다
못간 것이 죄지
가지 못한 것도 죄다
아니 간 것도 불효다
내년 설엔 꼭 부모님이 계신 곳을 가야 한다
호수에 달이 묻혔다
별도 빠졌다.

일기예보

별이 두 개로 반짝였다.
이슬처럼 쓸어내리던
헤어짐
비가 촉촉하게 내렸다
단풍잎도 빨갛게
수줍은 색체로 다가왔다
또 다른 늦여름은
떠났다
곁 가슴도 붉게 타들더니
별이 되었다
빈 잔을 따르던 서녘,
색색으로 바싹 바른 바람이다
이별,
아쉬운 작별은
새벽 뉴스,
떨리는 목소릴 들려줬다.
오후 늦게
구름 사이로 비가 온다고.

찻잔에 녹아둔

종이컵에 쓴 커피가 춤을 췄다
펄펄 끓던 연무
각설탕은 네모나서 그 맛을 모른다
햇볕에 녹아내렸다
창틀에 비틀대던 햇볕은
시립도록 봄, 바람은 입술을 깨문다
카랑카랑한 목소리
매케한 담배연기 속에서 묵임당해
흙먼지를 덮어쓰고 난 후,
볕에 가슴을 맡겨봤다
휴~, 중고차엔 타다만 담배꽁초만
입맛을 다셨다
맛도 향기도 숨을 거둔
커피, 찻잔에 녹아 둔 그리움
시립도록 바람은 볕에 숨었다.

4
사랑해서 미안하다

고백

두 눈을 뜨고서
가슴에 숨겨논 비수를 꺼내본 것은
어제와 오늘일이 아니었습니다
세상 곁을 지나치며
흘끔흘끔 훔쳐보는 습관
버리지 못해 가슴 한쪽 숨은 사람
바로 접니다
'네 혀를 악에서 금하면 복 있다'
'네 입술을 궤사한 말에서 금하라' 했거늘,
참지 못한 성질, 잠재우지 못한 사람입니다
입술로만 고백
마음의 상처투성인 제가 밉습니다
제가 죄인입니다
십자가 뒤에 숨었던 나를 발견했을 때
저의 손을 잡아주시는 당신,
눈물의 손자국이 따스했음을 고백합니다
일상에서 잊지 않으려 무던히도 애쓴 탕자
기다리며
기억하고 계심에 감사합니다
사랑해야죠, 사랑하겠습니다
모두를.

고해성사

오늘,
사랑이라는 단어,
다시 배워야 했다
아카시아 향기에 놀아난 음색音色
피곤한 육신은 초록 이파리에 녹아져
오월 막바지 시간
음색은 신경세포에 젖었다
가슴팍 촉수엔 곰팡이가 피어났다
문자로 날라준
고해성사
쓴 잔, 따르던 콜라 맛에 취해 버렸다
오늘은
사랑한다는 고백을 해야 한다
한낮 서녘 하늘에 떠 있는
십자가 밑,
그 포근한 미소가 탐이 나서다.

다도해

생일날,
고봉 쌀밥 밥그릇만큼 행복은 쌓였다
미역국은 속 시원함에 하루가 즐겁다
시야는 고요히 비가 내렸다
목젖을 타고 가슴은 곡선을 따라 흘러내리던
빗물도 눈물도 볼 수 없다
바다, 파도는 짧은 인연이다
녹색 바다는 깊고 푸르다 못해 파랗게 핀 꽃이다
손마디에 끼워진 세월
낮과 밤이 교차한 세레나데
그래, 그랬다
벌떡이던 파도, 별반 다르지 못한 빛깔
몇 번씩 불러야 했다
갈증, 허기로 둘러친 심장
녹아져 눕다
선착장 괭이갈매기의 비상은
그 울음소리로
성난 파도 들숨을 멈췄다
한여름 사내는 바다에서 나왔다.

모래밭

달은 어둔 곳을 빛으로
창틀 사이 비집고 들어온 갈바람은
선풍기 날개 위에서 무동舞童을 탔다
물렁하게 어깨 위를 넘나드는 소파
어두운 빛 그을린 흔적이다
열기에 녹은 훈김, 서재 가득 넘쳐날 때
달은 두 그림자를 바라보고 있다
의미의 깃
형상은 살아 숨 쉬는 온기
소파를 넘어오는 긴 파도다
연신 뿜어대는 가쁜 날숨
그윽한 달그림자
빛에 그을린 곡선을 만들어 갈 즈음
달콤함에 놀다 간 입술이다
아,
축축해진 모래밭
익숙한 이름 하나 새겨져 있다.

목숨

십자가 그늘 밑은
두 무릎
당신의 손길 그리웠습니다
쉰 음성으로 달려본
영혼의 안식처, 길이가 높아 보였는데
십자가 뒤에 숨겨 둔
사랑의 흔적은 뜨거웠습니다
두 손잡아 본 순간
줄줄 흘러내리는 폭포수
은혜의 잔은
넘치며 넘치는 순간입니다
더 넘어지지 못하게
단단한 줄로 묶어 주셨습니다
사랑하는 이여,
생의 마지막은
당신 곁에 있으렵니다.

사월의 숲

비개인 오후
배꽃이 만개한 언덕배기
밭은 온통 하양 나비의 무덤이다

잠들었던 영혼 웃으며 이생 자랑을 했다

굽이치던 물줄기
흘러, 흘러가던 춘천 끝인 강바닥엔
어석거리는 모래 알갱이의 안식처가 되었다

남 모르던 사람 아우성이 들렸다

별밭에 녹아진 숲
희미한 불꽃 사이 그림자되어 누웠다

옥색 같은 하얀 배꽃
사월의 밤
하양 나비가 날개를 접을 때
시간은 멈추고
이슬도 가지 끝마다 적셔 놓았다.

벚꽃

봄, 배회하는 소릴 듣지 못했다

가랑비는 가슴 적시고
떨어진 낙엽은
숨소리조차 가벼워서, 가벼워서
숲에 누운
차가워진 물방울로 입술을 더듬고
차창에 비친 세상은 맑다

봄, 다른 색채로 다가서니
푸드득 떨리는 어둔 밤은 두려움이다.
한쪽 눈은 희미한 초점에 흐느적거릴 때
비틀거리는 육신과
굳게 닫힌 가슴
틈이라도 보여야 살 것 같다
셔터 소리 앵글 속에 노예가 된
하얀 속살
숨소리조차 떨리고
봄은 흐드러지게 핀,
만개한 벚꽃.

봄바람

토씨가 붙은 이름은 부르지 마라
색채 없는 빛
태양 아래 숨겨논 얼굴
그, 언 겨울에 묻혀 숨이 콱콱 막히던 세월
흘러가던 구름도 멈춰 버리나니
입술에 돋은 향기
취한 듯
버림받은 듯
곁바람에 넘어지고
거죽에 붙여 놓은 심장의 뼈
숨이 멈추던 순간 순간마다
입안에 숨겨둔 모습이다
할딱거리며 토설한 몰골은 어찌하나
휙~ 돌고 돌아서서,
그 자리에
오호라,
씨받이 단어에 생기를 불어넣기까지
봄바람은
고독은 자유.

봄은

속삭임이다
설렘으로 다가와
분홍띤 복사꽃처럼
수줍은 바람이다

어머니가 빨래줄에 널어놓은
호청이불,
인자한 목련꽃같이 희다

봄은
뾰얗게 핀 안개,
호숫가에 피어났다, 어느새
떠나 버리는 그리움이다.

시간 속의 언어

붉은 장미꽃, 그림자 같은 마음
곧은 심지를 심어 두면
오색빛 불꽃 지피어 놓고 있다

하얀 연무
보이지 않는 시간 속의 창
눈이 아리는 아픔, 가슴이 시려와도
그때, 젊음이란 육신의 환희
따뜻한 온기로 기다림이라면 참으라 한다

가련한 촛대에 위 흐르던 눈물
뚝, 뚝, 뚝
빨간 불꽃으로 타오를 때
입가에 잔잔한 미소가 탐이 나서
빈 생각을 채우려는 속셈을 알았다
가시 달린 꽃봉오리의 아우성은
툭 터져 버리고 싶은 욕망
숨소리에 취해 바닷물에 녹아 버렸다.

빵 조각

눈물이 난다
새벽, 그것도 이른 새벽
그것도 새해가 시작된 아침을
버럭, 무뚝뚝하게 물어봤다
자연의 실수였다
투덜거리니 궁둥이가 보였다
입술은 거덜거리며 벽에 붙어 있다
침대에 목을 박고
꺼이, 꺼이 울음을 삼키며
한나절은 오금을 절이며 눈을 감았다
젠장,
너무 미안했다, 가엾어서, 가엾어서
그냥 눈물이 났다
미안해, 미안하다
먹다 남은 빵 조각, 마음이 녹았겠지
문자를 날렸다
아내의 웃는 모습이 보였다.

사랑해서 미안하다

매서운 바람 결,
십자가를 향하던
그대 옷깃 여미며 걸어가는 뒷모습
아름다웠다
환한 미소
그 님을 만나는 기쁨이겠지
해서, 미안했다
더 많이 아껴주고 사랑했는데
오늘, 그대를 보니 그러하다
수년 전, 사두었던
외투를 자랑하는 입술
그 입술의 고백
순백한 마음이 예쁘다
백화점에 걸려 있는 외투
그대에 딱 어울릴 것 같은데
난, 눈길을 다른 곳에 돌리고 말았다
사주지 못해 미안하다
눈밭에
발자국만 남긴 채
그 모습 아름답다, 고백한다, 그대妻,
사랑해서 미안하다.

상형문자

갈잎이 뒹굴던 크리스티날 언덕길
떠나던 그림자
속내를 떨치지 못한 아우성은
초저녁 달무리에 묻혀버린 형상
타들어 가던 목숨,
숨죽여 달려든 상형문자는
두 토막난 단어가 움찔거리며 발가락을 움직일 때
너털웃음은
동강나 버린 그림자 조각
목이 메여 꺼이꺼이 울부짖음에
모이를 쪼아 먹던 맵새도 두 눈이 반짝
속탄 가슴은 검정이 되어 버렸다
왜 그랬을까?
자문을 해본들 저질러진 겟돈 뭉치는
파란 종이 위 그려놓은 世宗의 웃는 모습이었다
돈이 뭔지.

쉼표의 장단곡

오월의 시작은
작은 눈동자가 녹아진 숲
싱그러운 햇살은 녹색 화원
빛으로 각인된 잎새마다
봄바람은 여인네 치마폭 뒤에 숨어 서 있다
빗줄기에 목메어 울어버린
연포 바닷가 숲
쉬어 가고픈 여행길에서
파도 숲은 생각을 삼키고
변주곡에 놀아난 이분쉼표는
구성지게 한 곡조 읊어대는데
전방 150미터에서 좌회전
'돌아서가시오'
아우성이 들렸다.

봄, 스케치

순간의 봄,
향기에 취한 가슴
봄볕이
어둠의 세상 침묵하라 한다
허물었던 그 마음
틈새로 촛불 밝혀두고 싶다
아름답던 먼 시간
저자거릴 배회하던 때
꽃잎은 봄바람에 고개 숙이며
쓸쓸하게 흩어지는 듯
한낮 봄은
지나치는 일상처럼 그냥 덮어두자
봄비에 젖은
시간,
봄바람에 시들어 버린
흩어진 바람이니까.

여름 끝

베란다 창틀 매달려
혀끝 널름대는 늦더위
육신을 삭히며
생각도 잠재우던 때
아,
옛적 고갯길 넘으며
노송의 그림자도 뽑던
바람,
아내의 고운 치마폭에 숨었다
달빛도 고갤 끄덕이니
천근을 달아 놓은 눈까풀 위,
채색되지 않은 노천 카페의 쓸쓸함도
별을 헤이며
처妻와 호숫가를 다정히 거닐 즈음
인생은 단맛,
투영하며 호수를 덮는다
시방, 그림자를 지우니
턱턱 막혀오던 여름
그 끝은 요염한 자태로 숨을 거뒀다.

어머니의 우체통

받는 이의 주소 없이 써둔 편지
부치지도 못한 겉봉투 우편번호는
살아서 움직일 듯 장마당 거릴 서성이고 있다
퇴근 무렵 곁눈질로 지나치던 길목엔
향기 없는 코스모스 가냘픈 숨소리가 들렸다
갈바람은 인기척도 없이 가슴 곁에 다가와
두근거리는 가슴
뒤돌아보아도 인기척의 느낌은 없는데
페인트가 덧칠되어 검붉게 퇴색된 우체통이 주인이다
입가의 환한 웃음
듬성듬성 남겨진 치아의 앙칼진 목소리
잇몸에 걸쳐 있는 철조망 얼기설기 묶임당해
우체통 속에 납작 엎드려 꺼이꺼이 울음을 삼키고 있다
뭇세월, 여운의 흔적을 남기려 했는지
손놀림에 놀아난 글씨 토막은
체념이나 한 듯
돋아난 그리움만 붉게 타올라 마른 입술 사이에 숨어버렸다
어제도 그랬었고
오늘도 그랬다
무덤덤한 세월의 씨앗은 가슴 깊이 쌓여가고 있을 뿐이다.

– 어머님 영전에

인간의 띠

그때는 몰랐다
빈 잔이 넘치는 줄 알 수 없었다
아름다운 꽃무늬에 놀라서
파란 별빛만 보였다
넘실대는 구름을 만났다
산등성은 높고 낮음이
그 굴곡을 넘기까지
그때는 몰랐다
철따라 피고 지던 꽃술
잔털에 숭숭 뚫린 바람이 되었다
향기에 취하고 취해서
산등성마다 수놓은 수채화
투명하게 보일 뿐이다
밟던 시야는 넓고
하늘을 향한 눈길이 깊어서
그 높이와 깊이를 셀 수 없다.

인연

사람은,
마지막 순간까지 뒤를 깨끗하게 마무리하는 사람
그 누가 뭐라 해도 옳은 길이라면 쉼 없이 정진하는 사람
비록 먼 길일지라도 곧은 길 택하여 가는 사람
자신의 위치를 알고 걸맞은 행동을 보이는 사람
자신을 사랑하기에 남을 사랑할 줄 아는 사람
일에 열정을 갖고 성실하게 일하는 사람
진실된 마음으로 상대방을 배려하는 사람
모든 일에 자신감이 있어 더 겸손한 사람
지혜로 행복의 길 두드리는 사람
환한 미소가 어울리는 사람
사랑을 위해 목숨까지 버릴 수 있는 사람
내일의 희망을 노래할 줄 아는 사람
사랑의 깊이를 넣어주며 그 품에 기댈 수 있는 사람
사람은 그런 사람이 좋다.

입술

짙은 커피가 묻어 있다
빨간 장미가 피어 있다
그 속살에 감춰 둔
혀끝은
에메랄드 빛이다
곱디곱던
두 눈 지그시 감으면
빨간 장미꽃
탐이 나서일까
가엽게 말라버린 거친 입술이다
두터워진 윗입술이다
세월로
마른 잎사귀가 되어도
타다만 불씨가 되어도
그대 입술은
고독한 사내의 몫이다.

죽음의 벽

그놈 피를 받아먹어야 하는데
전파에 실린 음색
온 신경세포는 무아지경 빠져 버리고
군자 시장에서 과도를 꺼내들었다.
그놈의 피를 받을 수 있을까 해서다.
하루, 이틀, 나흘은
내 영혼이 죽음에 목말라 허우적거렸다.
쭈뼛해진 신경세포는
밤이 낮인지, 낮이 밤인지
긴장의 연속은 뒷머리에서 뜨거운 땀방울
폭포수처럼 흘렀다.
찬물만 벌컥벌컥 드리킬 수밖에 없다.
그래, 선혈의 맛을 봐야겠다.
흰백을 검은색이라는 억지
그놈의 목소리를 듣지 못하게
아주 진하게 그리고 명료하게 죽였다.
오늘, 용서한다.

중복中伏

물렁뼈의 물음은 답이 없다
거시기를 먹고 싶다는 농담도
밤마다 질겁하며 도망치는 세발
톱니가 달토록 톱질하는 시늉만, 첫 새벽
삐걱거리는 침대 뼈가 움직였다
울렁거리는 물안개
흠뻑 젖은 연꽃은 넓적한 파란 이파리만 무성하다
이빨을 쑤시며 저녁상을 물리니
토실한 밥주걱엔 밥톨이 붙어 있다
입술로 핥던지, 손가락으로 떼어 먹든지
순전 그놈 먹어본 입맛 대로다
뽕나무에 매달린 오디
땀에 절인 간간하게 간이 배였다
혀끝,
뼈에 붙은
어두움은 깊어 가는데
움찔대는 파도는 잠에서 깬지 오래다
三伏이 뭔지.

헌책 같은 세월

가을비가 추적거리는 오후
낙엽은 길모퉁이마다 수북하게 쌓였다
쌀쌀해진 날씨 탓
간간이 오가는 사람들 틈을 비집고
골목 귀퉁이 헌책방을 들렀다
헌책처럼 구겨진 마음
천정에 매달린 삼십촉 전구와 눈인사 건넨 후
손때 묻어 꼿꼿하게 서 있는 책갈피를 주시했다
헌책방에서 낡은 시집 두 권 옆구리에 넣으니
작은 글씨 토막은 살려 달라며
애원하는 듯
바지주머니에 숨겨 둔 가죽지갑은 얇고 가볍다
값도 묻지 못했다
다, 헐거워진 가슴은 숭숭 뚫려
노란 은행잎은, 꺼~억 기지개를 켜는 순간
헌책 속에 숨었던 언어가 가슴에 박혀 버렸기 때문이다
숨이 탁탁 막혔다
이 좁은 골목, 책갈피에 녹아난 은어隱語의 주절거림
한 발자국 옮길 때마다 허릴 비틀며
넘고 넘어야 하는 책갈피
가을비에 젖은 우산의 심장도 멈췄다
헌책 같은 세월이다.

흑색 숲

빈 파도는 파르르 떨고 있다
목선도 떠나간 뱃전 황량하여 갈매기 울음소리
그친 지가 오래다
철썩, 부딪치던 방파제
수평선 너머
점선을 향해 달려오던 한낮 태양도
붉게 물든 석양에 녹아 버렸다
오늘이 그러했으니
내일도 빈 파도는 울부짖을 것이다
지금, 사리포구엔
흑색 숲에서 긴장된 인간의 거친 숨소리만 들릴 뿐이다.

자유

고독이라는 단어에 목말라 말자
흩어진 세월
미치도록 두드린 흔적
초혼은 메마른 대지를 적시나니
물 만난 수어처럼
꼬리치며 가슴 내민 때
밤과 낮은 고독하다
돌아가는 회전의자
돌고 돌아도 맨 그 자리뿐
홀로이
사색함은 자유다.

천라만상의 외금강

구룡연의 허리춤
휘~ 휘 돌아서 나갈 듯
구룡폭포 낙화洛花 소리는 수줍은 여인의 웃음소리
동토에 뿌려지는 얼음꽃씨되어, 화강 바위 돌계단 마다
질곡의 세월 탓, 나뿐인 듯하더이다
금강 산하 바라볼 때
이산離散의 아픔을 아는고, 비명소리 칼바람은 가슴을 메이는데
눈가에 스치는 바람, 쉼 없는 콜록거림에 비명의 외금강
아, 사랑하는 이여
그대의 때문은 손수건에 하얗게 펼치어 놓은 화선지 위,
겨울이면 겨울, 봄이 되면 봄빛다운 봄,
여름 같은 여름 절경, 천라만상의 가을 정취를 이, 형상대로
천만년 버티어준 비목飛目으로 서 있어주오
상팔담 정상 위
눈에 보이는 것 모두를 내 가슴에 안고 왔소이다
옥류담에 넘쳐흐르던 玉水 한 모금
목줄기를 넘긴 단맛, 맑은 푸르름에 젖었던 원망怨望도 흘러 흘러서
북녘 산하 민초民草들 마음이나 녹였으면 하네.

철조망엔 꽃이 피었다

오라한다.
주홍같이 붉게 물든 가슴은
바싹 말라버린 여운, 시간은 두려움이다.
서녘 밤,
그는 별에 묻혀서 잠이 들고, 망각이란, 외면이란,
입속에 너둔 글씨 토막 눈을 감아버렸다.

밤마다, 두세 번, 뒤척이던
그립던, 보고픈 당신
벌게진 눈에, 안개가 찾아들고, 망망대해를 떠나며
뭉개진 가슴을 눈물로 채워야 했다.

하얀 도화지 위,
때묻지 못한 시간 속의 언어
투명 물감으로 畵像을 그려놓고
달아나는 영혼,
함박눈 송이처럼 철조망엔 꽃이 피었다
엊그제,
걷던 길을 재촉하는 나그네
아름답던 산하, 막혀버린 금강산,
산길도, 바닷길도, 숨을 할딱거리고 있다.
비목처럼 서 있을 뿐.

흐르던 음악이 끝난 후

꿈속이라도 보고 싶다
넘치던 찻잔 속의 밀어는
탁자 밑에 숨어 버렸다
검게 그을린 흔적
음악도,
눅눅해진 백열등도 졸고 있다
인생에 쌍곡선을 그으며
그 끝을 소유하다
세상은 나를 버릴 때 후회하겠지
탁자 밑은 어두움에 쌓이고
신기루 같던 꿈속은
떫은 과일을 씹는 맛과 생김새다
가슴에 묻어 둔 수채화 한 조각이다
조각난 밀어,
그 존재의 가치는 꿈속,
맨드라미 입술을 닮은 입술 모형도
넘치던 찻잔에 녹아 버렸다.

가시 박힌 붕어빵

초판 1쇄 인쇄 | 2011년 5월 20일
초판 1쇄 발행 | 2011년 5월 25일

지은이 | 박 가 을
발행인 | 윤 영 희
주 간 | 이 은 별

발행처 | 도서출판 동행
출판등록 | 제2-4991호
주 소 | 서울시 중구 을지로 3가 302-18 난빌딩 303호
전 화 | 02-338-2734, 2285-0711
팩 스 | 02-338-2722

정가 10,000원

ISBN 978-89-94227-25-2 03810

* 이 책은 안산시 문화진흥기금을 일부 지원받아 제작하였습니다.